Marie
He er d'Osseville

LES VOIES DE L'AMOUR

Des Paroles de Mère Sainte Marie:
Dispositions a La Prière, a La Vie Spirituelle

Traduction du Français
par Lawrence Farrugia

Édition présentée et photographies
par Sr. Elijah

Invitation

Comme un cerf altéré
Cherche l'eau vive,
ainsi mon âme te cherche
toi, mon Dieu.

Ps. 42:2

Comme un cerf qui court vers la source d'eau vives
mon âme a soif de Toi.

Venez vous asseoir quelques instants
en ce lieu sacré où le cerf étanche sa soif

Venez vous asseoir quelques instants;
laissez derrière vous les soucis, les ennuis,
déposez vos fardeaux.

Venez vous asseoir quelques instants;
écoutez le silence de l'Amour

Ne rien vouloir
et ne rien chercher d'autre,
sinon en toutes choses
et par tous les moyens,
une plus grand louange et gloire
de Dieu notre Seigneur.

St Ignace de Loyola, Exercice Spirituel 89

Mère Ste Marie : une femme ``d' AUJOURD'HUI ´´

QUI AIME, QUI VOIT, QUI ENTEND. QUI SENT JESUS

DANS LES GRANDS ET LES PETITS,

LES CONDUIT A MARIE ,

LEUR APPREND A DIRE : `` O U I ,

TU M ' APPELLES ? ME VOICI ! TU ES FIDELE : M E R C I ´´.

Et cela suffit .... Pour la vie !

Mère F. De Reviers

160ème anniversaire MSM
Grâce à MSM nous sommes aujourd'hui 28 avril rassemblées à la maison mère, La Délivrande qu'elle a fondée en 1831. Que de grâces sont venues par son intercession pour chacune de ses sœurs qui n'en sont, peut être, pas toujours conscientes. Cette année nous voulons surtout faire mémoire de tout un passée qui ouvrira un future. Notre espérance doit être aussi grande que celle de notre mère Fondatrice qui malgré les obstacles à eu Foi dans l'œuvre que le Seigneur lui a confiée

Sr. M. Vanbrabant

Mother Saint Mary was a truly inspiring woman of her time. When she came to Norwood from 1848 to 1851, she faced much adversity. She started an Orphanage and an Independent School at Norwood amidst local opposition especially on 5th November 1950 when the no Popery Mob clamoured at the gates. In spite of all she persevered and the Orphanage was under the Patronage of two Bishops, Cardinal Wiseman and Bishop Thomas Grant. In partnership with Father Vesques missions were given to the surrounding faithful. Sisters were sent to Scutari Initiatives offered both in Liverpool and Paris, because of the opposition of Father Saulet, had to be refused. The cross was there, and in addition the chalice of suffering. Mother Saint Mary has inspired me throughout my Religious life and given me the courage to give my all especially in our work for vocations and the challenges of the future. Her dynamic spirit is still living in our Congregation.

Sr. Bernadette

POUR SŒUR M. C. STOLZ

Mère Sainte Marie
Henriette Le Forestier d'Osseville
1803 - 1858
Fondatrice de la Congrégation Notre-Dame de Fidélité
(Vierge Fidèle-1831)

Pour le 160ème anniversaire de la mort de Mère Sainte Marie

(28/04/1858 - 28/04/2018)

« Quand je serai au ciel, je veillerai sur toutes les Maisons, j'irai de l'une à l'autre: les voyages se font facilement là-haut. Je pousserai chacune, je la réveillerai, je ne ménagerai pas trop si on ne m'écoute pas assez vite. »

Mère Ste Marie

Ayons une confiance immense: plus nous sommes faibles, plus Il nous revêtira de sa force si nous lui donnons tout.

Let us have deep trust: the weaker we are, the more he will clothe us with His strength if we offer Him everything.

Lorsque nous avons passé une journée de charité, d’obéissance et d’humilité, nous pouvons dire à Notre Seigneur: « vous voyez que je vous aime ! »

When we have spent a day filled with charity, obedience and humility, we can then say to Our Lord: “see how much I love you!”

Souriez à tout ce qui vous contrarie.
Des devoirs remplis avec consolation
ont déjà reçu leur récompense...ceux
que vous accomplissez dans l'amertume
vous vaudront une gloire infinie.

Smile at all things that annoy you.
Duties which were carried out with
consolations have already received
their reward…those we carry out in
suffering will be worth infinite glory.

La volonté de Dieu
doit être notre tout.

God’ will must be our
total concern.

Il y a une espèce de chaîne entre le cœur de Dieu et le nôtre: grâce, fidélité...fidélité, grâce. C'est tout le secret de la vie intérieure...

There is a kind of chain link between God's heart and our own: grace, fidelity…fidelity, grace. That is the secret of the inner life.

Tenez-vous toute petite, bien petite sous la main de Dieu (et celle de vos Mères). Celui qui a dit: « Qui vous écoute, m'écoute », vous fera trouver dans la parole de votre supérieure la force dont vous avez besoin.

Be small, very small in God's hands (and in the hands of your Mother Superiors). He who said : "Whoever listens to you, listens to me ", will cause you to find in the words of your Superior all the strength that you require.

Que faisons-nous le plus souvent, lorsque Dieu veut parler à notre cœur? Nous cherchons à nous étourdir, nous faisons du bruit autour de ce cœur, pour empêcher que la voix de Dieu ne l'atteigne… Sachons bien que l'œuvre des orphelines ne se fera qu'à nos dépens et que, comme Jésus, nous ne sauverons les âmes que par la Croix.

Quite often, what do we do when God wants to speak to our heart? We seek to be distracted, we produce a lot of noise around our heart, to prevent God's voice reaching it…We must know that the work we do for the orphan girls will only be done at our expense. Like Jesus, we shall save souls only through the Cross.

Soyez fidèle à ne rien faire seule, à travailler toujours tenant le Seigneur par la main, le consultant sur tout, c'est le seul moyen de faire quelque chose.

Be faithful not to do anything by yourselves, always work while holding the Lord by the hand, consulting Him on everything, that is the only way of accomplishing anything.

En toute chose cherchez
la gloire de Dieu...

In all things seek the
glory of God...

Soyez des filles de foi...

Be daughters of faith...

Toutes et chacune, soyez prêtes à rester, prêtes à partir, à faire ceci ou cela...La volonté de Dieu doit être notre tout.

Each and all of you, be ready to stay, ready to leave, ready to do this or the other…God's will must be our total concern.

Donnez aux enfants envie de bien faire et vous aurez tout gagné.

Give the children the desire to do well and you will have won everything.

J'ai promis en votre nom au Souverain Pontife que, quand nous aurions assez de sujets, nous étions prêtes à nous rendre dans tous les pays du monde où il lui plairait de nous envoyer.

In your name, I promised the Sovereign Pontiff that when we had enough members, we would be ready to go to all the countries of the world where he would be pleased to send us.

L’union fait la force; et si nous n’avons toutes qu’un cœur et qu’une âme entre nous, Dieu ne pourra rien nous refuser.

Strength through unity; and if we all have one heart and one soul, God will not refuse us anything.

Je ne voudrais pas, mon
Dieu, sacrifier gros comme
un cheveu de ce qui touche
à votre gloire, quelques
souffrances qui doivent
nous arriver. Détachons nos
cœurs de la terre. Fiat! Par-
tout et toujours Fiat!

My God, I would not wish to avoid anything, not even the breadth of one hair, of that which relates to your glory, whatever sufferings may befall us. Let our hearts be detached from the world. Fiat (Thy will be done)! Always and everywhere Fiat (Thy will be done!)

Je suis la Vierge Fidèle: ne crains rien; la fondation projetée aura lieu malgré mille obstacles et je serai fidèle à tous ceux qui, dans cette maison, m'honoreront sous ce titre.

15 août 1829, chapelle de N.D. de la Délivrande

I am the Faithful Virgin: do not fear anything; the foundation which is planned will be realised in spite thousands of obstacles and I shall be faithful to all those who, in this house, will honour me under that title.

Souvenez-vous que vous êtes la
Vierge Fidèle, première Supérieure
de cette maison, et qu'on ne vous a
jamais invoquée en vain...

Remember that you are the Faithful
Virgin, the First Superior of this
house; also, that you have never
been invoked in vain…

Soyons prêtes à voir tout venant de Dieu, pleines de confiance qu'il ne nous manquera pas dans le besoin et nous sera tout lui-même.

Let us be ready to see everything as coming from God, full of trust that He will never fail us when in need and that He himself will be everything for us.

La Croix mène au ciel. La nuit, quand je suis trop noire, je me jette à corps perdu entre ses bras; je répète les oraisons jaculatoires qui réveillent la confiance: « Verge Fidèle! Seigneur, pourriez-vous nous abandonner! » Et la paix revient.

The Cross leads to heaven. At night, when I feel gloomy, I throw myself in his arms; I repeat the prayers which instil trust: "Faithful Virgin! Lord, could you abandon us!" And peace returns.

Que nous soyons ici ou là, que nous fassions ceci ou cela, qu'importe? Si nous faisons la sainte volonté de Dieu, cela suffit. L'essentiel est d'être bien fidèle à la grâce.

Should we be here or there, should we do this or that, what does it matter? If we are doing God's holy will, that is sufficient. The essential thing is to be faithful to God's gra-ce.

Ne tremblotez pas devant votre devoir. Dites hardiment ce que vous croyez devoir dire pour la gloire de Dieu. Fermeté dans le but, douceur dans les moyens à employer pour y arriver.

Do not waver in front of duty. Say sincerely what you believe to be your duty to say for the glory of God. Firmness in the aim, gentleness in the means to reach it.

Que vous n'ayez qu'un cœur et qu'u-
ne âme en Dieu… Un seul cœur, une seule âme entre nous pour la plus grande Gloire de Dieu et pour le bien de l'œuvre. Pas vos petits intérêts, vos petites passions.

Oh, that you should have one heart and one soul in God…One heart and one soul among ourselves for the greater glory of God and for the welfare of the foundation. Not your little interests, not your little passions.

Tenez-vous bien abandonnée entre les mains de Dieu et soyez toute à lui, à la vie et à la mort !

Abandon yourselves totally in God’s hands, be totally His, in life as in death!

Dieu a jeté un regard sur vous et vous a choisie pour travailler à son œuvre. Prenez donc un cœur, une âme, un esprit missionnaires.

God has cast his eyes on you and has chosen you to work in his foundation. Therefore, assume for yourselves a missionary heart and soul.

N'ayez d’autre volonté que celle de Dieu; aimez les brisements de la volonté de Dieu: Ciel souffre violence… Tant mieux si cela contrarie nos projets, dira l’esprit de Foi Mourons donc à nous-mêmes tout de bon. Vive la Croix ! Là se trouve Jésus notre Époux.

Have no other will but God’s; love the shatters of God’s will: Heaven must be stormed...So much the better if that goes counter to our projects, the spirit of Faith will say. Therefore, let us die to ourselves for good. Long live the Cross! That is where Jesus, our Spouse, is to be found.

Vivons de Dieu et en Dieu pour ne pas mettre obstacle à ses desseins.

Let us live of God and in God in order not to put any impediment to his plans.

Tant que vous ne serez pas indifférentes
à tout, vous n'aurez pas la paix !

For as long as you will not experience
indifference for everything, you shall
not have peace.

Croyons fermement que Dieu nous accordera tout ce qu'il nous faut si nous sommes des âmes fortes, ne voyant que lui seul dans tout le détail de notre vie. Que rien de naturelle, rien d' humain, n'entre dans nos vives: pas de désirs impatients, pas d'attache à un bien plutôt qu'à un autre, ayons le cœur en haut, soyons prêtes à tout et répétons:
« souvent que voulez-vous que je fasse ? »

Let us believe firmly that God will grant us everything we require if we are strong souls, able to see only Him in all the details of our lives. Let nothing just natural, nothing just human, enter your lives: no impatient desires, no attachment to a possession rather than to another, let us lift up our hearts, let us be ready for everything and let us often repeat: "what would you like me to do?"

Soyez la proie de votre devoir et laissez le Bon Dieu vous labourer comme il l'entend. Enfin, souvenez-vous que chaque sacrifice demandé par Dieu porte avec lui sa grâce.

Be a victim to duty and allow the Good Lord to work on you as He intends. Finally, remember that each sacrifice that God asks of us is also accompanied by his grace.

Je trouve en Dieu une force que je savais bien n'être pas de moi.

In God I find a strength I knew quite well did not come from me.

Combien y a-t-il de sœurs à l'oraison du matin ? Dieu nous bénira si la régularité est florissante.
Pourquoi fonder des maisons qui ne seraient pas régulières ?

How many sisters are present at morning prayer? God will bless us if regularity is flourishing.
Why open religious houses which have no regularity of religious life?

Tant que je vivrai, j'espère, avec la grâce de Dieu, ne jamais refuser le travail et la souffrance qui pourront Lui procurer de la Gloire.

I hope that for as long as I live, and with the grace of God, never to refuse the work and the sufferings which will bring Him Glory.

(premier coup de cloche) Dieu nous appelle, mes enfants ! Il nous accorde une nouvelle journée pour travailler à sa Gloire. Que notre première action soit le signe de la Croix car c'est la croix qui sauve les âmes. Il n'y a rien de petit au service de Dieu. Tout peuvent être autant d'actes d'amour.

(At the first sound of the bell) God is calling us, my daughters! He grants us a new day to work for his Glory. Let our first action be to make the sign of the Cross for it is the cross that saves souls. Nothing is too insignificant in the service of God. All actions can be as many acts of love.

La bénédiction du bon Ange est pour celle qui laisse tout au moment où la voix de Dieu (la cloche) l’appelle !

Our Good Angel blesses those who leave everything when God’s voice (the bell) summons them.

Souvent nous faisons des sacrifices d'un côté, puis nous cherchons des compensations; nous gardons pour nous certaines petites jouissances… Or c'est assez d'une résistance à la grâce ou d'une secrète complaisance en nous-mêmes pour que Dieu se retire.

Often we make sacrifices and, yet, we seek compensations; we keep some small pleasures for ourselves. Resisting grace or a secret self-seeking are enough for God to withdraw.

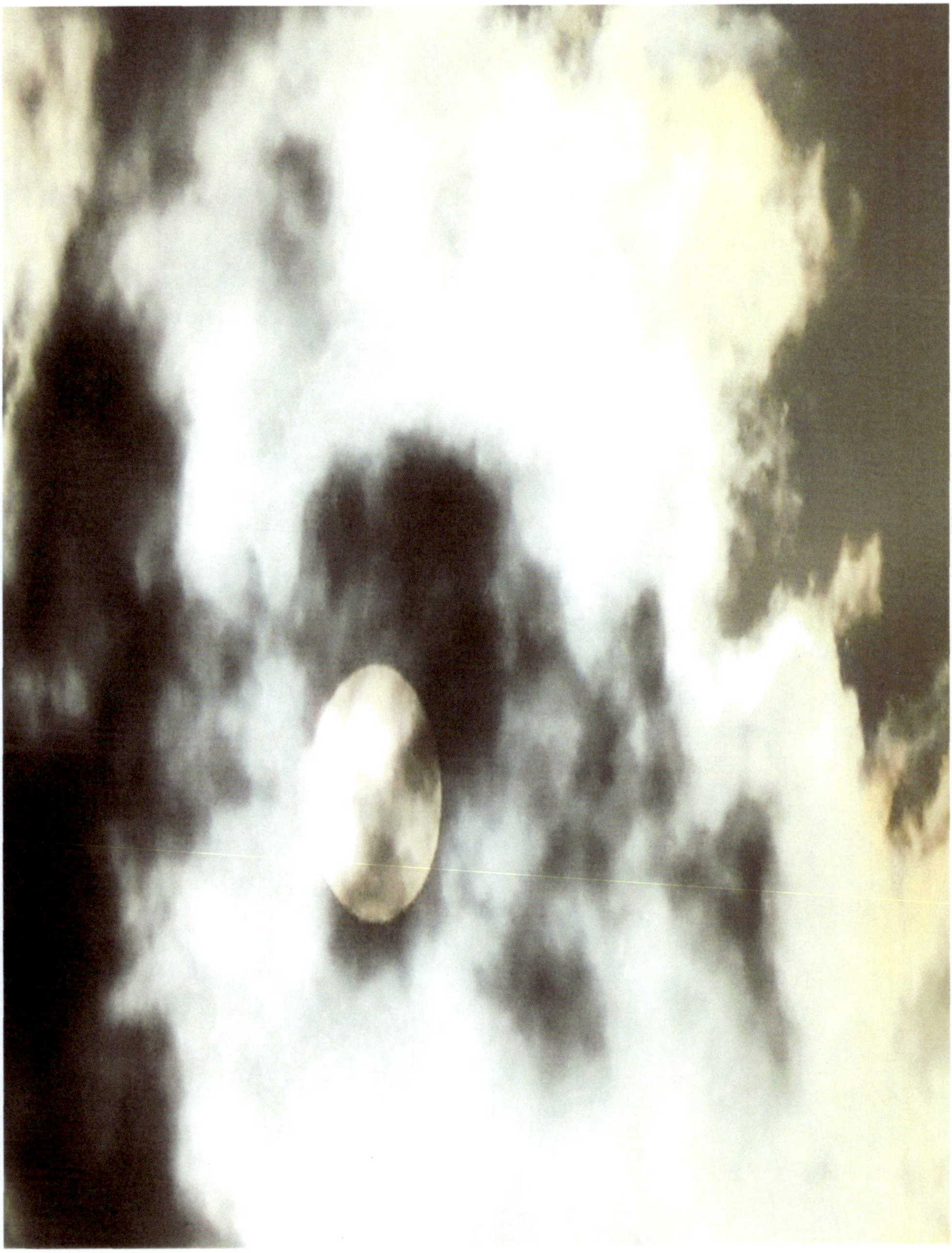

Remercions-Le si la lumière est abondante et ne remettons jamais l'exécution de nos bonnes résolutions au lendemain. Non ! Non ! Aujourd'hui...tout de suite, car alors Dieu sera avec nous. Tant qu'il nous montre nos fautes et des sacrifices à faire, nous n'avons rien à craindre: Il ne nous a pas abandonnées.

Let us thank Him if his light is plentiful, let us never put off the realisation of our good resolutions to another day. No! No! Today, immediately, for God will be with us. For, as long as he shows us our failures and the sacrifices to be made, we have nothing to fear: He has not forsaken us.

Anéantissement de soi-même, humilité, abnégation, abjection, voilà la vie de l'Evangile opposée à l'esprit du monde.

Self- effacement, humility, abnegation, that is the life of the Gospel which is opposed to the spirit of the world.

Cherchez toujours ce qui fera le plus plaisir à son Cœur.

Always seek what will cause the greatest pleasure to His Heart.

Attendez-vous à être violemment tentée, car le diable fera tous ses efforts pour vous empêcher d'obéir à ce que Dieu veut de vous; le remède est de marcher simplement par la voie qu'on vous trace, sans vous replier sur vous-même; Dieu doit être tout pour vous. Il vous aime et vous veut une sainte: entreprenez donc l'œuvre de votre sanctification tout de bon et avec générosité.

Expect to be strongly tempted, for the devil will try his best to prevent you from obeying what God wants of you. The answer is simply to walk in the path that has been proposed for you, without withdrawing into yourself. God must be everything for you. He loves you. He wishes you to become a saint. Therefore, embark on the task of your sanctification earnestly and generously.

Veillons pour que le démon ne puisse ravir quelques minutes à Dieu, ni faire quelques brèches à notre muraille de la parfaite régularité. Si nous l'obligeons à rester en dehors de notre enceinte, il ne peut nous nuire; mais malheur à celle qui, par sa négligence viendrait à introduire le relâchement ! C'est comme si elle ôtait une des pierre de cette muraille...

Let us watch that the devil does not steal some minutes dedicated to God, neither let him breach the safety wall of perfect regularity. If we force him to stay outside our enclosure, he will be unable to harm us. Woe to the one who, through carelessness, allows laxity to creep in! It is as if she removed one of the stones from this wall…

Il faut attendre les moments de la grâce. Le Bon Dieu fait ses œuvres quand il Lui plaît et nous gâtons tout en voulant Le prévenir.

We must wait for the moments of grace. The Good Lord carries out his works whenever it pleases Him, we spoil everything if we wish to prevent Him.

Que le bien se fasse avec nous ou sans nous, qu'importe, pourvu qu'il soit fait!

If good works are accomplished with our help or without it, it does not matter, provided they are carried out

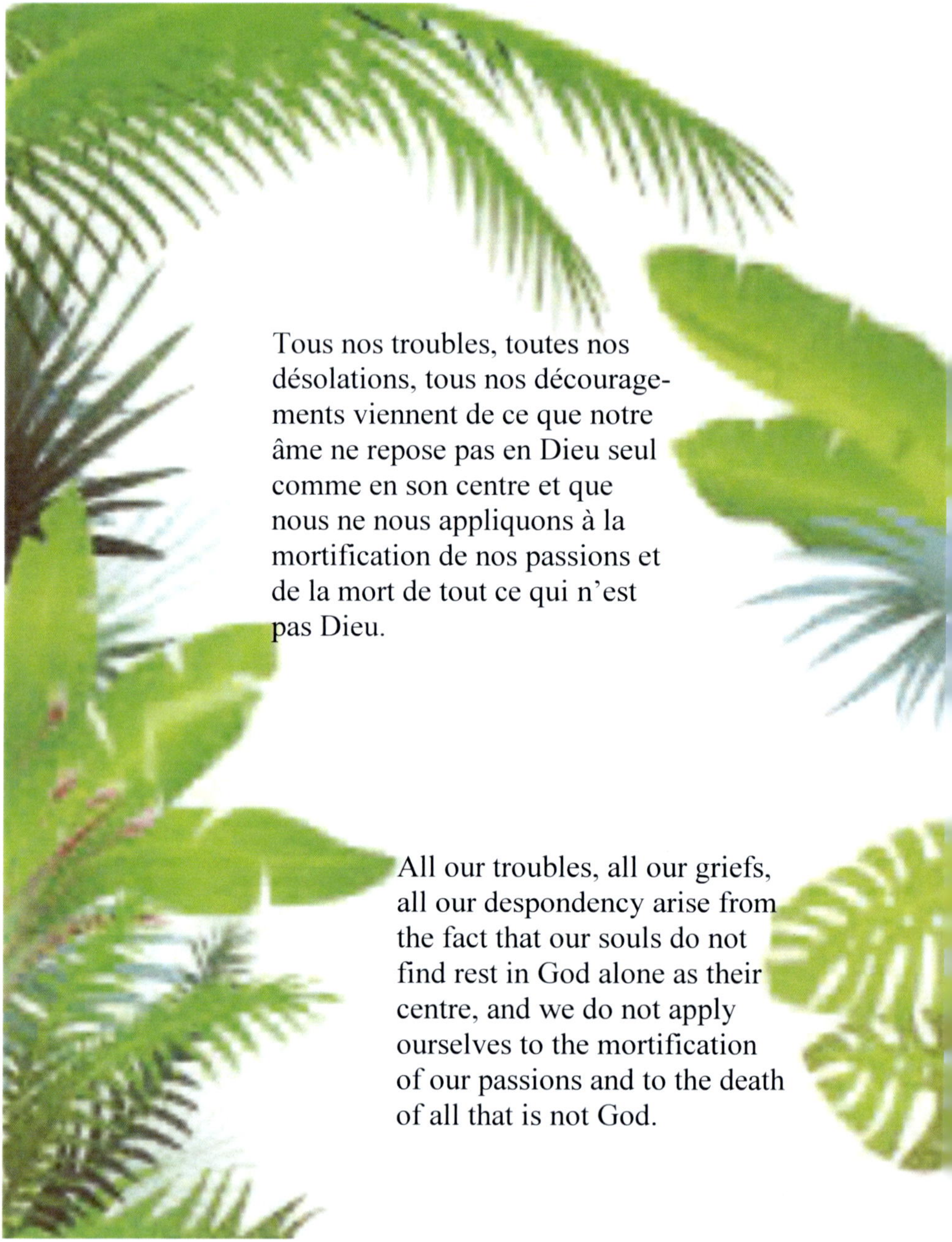

Tous nos troubles, toutes nos désolations, tous nos découragements viennent de ce que notre âme ne repose pas en Dieu seul comme en son centre et que nous ne nous appliquons à la mortification de nos passions et de la mort de tout ce qui n’est pas Dieu.

All our troubles, all our griefs, all our despondency arise from the fact that our souls do not find rest in God alone as their centre, and we do not apply ourselves to the mortification of our passions and to the death of all that is not God.

Oui, pauvre enfant, le courage s'use; mais si Dieu nous a tout ôté, c'est qu'il veut que nous n'aimions plus que lui. Il suffit d'une petite attache à la créature pour empêcher l'effusion des grâces du Créateur...Vivez de la Foi !

Yes, poor child, courage fades away; however, if God has taken everything from us it is because He wants us to love only Him. One small attachment to something created is enough to prevent the granting of the Creator's graces. Live through your Faith.

Redoutez la tristesse et lorsque nous en
sentez les premières atteintes, fuyez…
C’est une mauvaise conseillère !

Shun sadness, when you detect its first signs, flee away…Sadness is a bad adviser!

Pas de resserrement de cœur après une infidélité. Alors Jésus se cache comme derrière un rideau, pour voir si vous L'aimez dans la correction et dans l'épreuve.

No hardening of heart after an infidelity. Then, Jesus hides himself as behind a curtain to see whether you love Him in correction as much as in trials.

Confiance ! C’est pour vous le temps de la lutte… Mais prenez pour devise: ``Tout contre nature.´´

Have trust! For you it the time for struggle. Take as a motto: “everything against natural inclinations.”

Ce que mon cœur vous demande avec instance, c'est l'amour et le dévouement pour nos enfants… C'est là toute notre vie.

What my heart requests incessantly is love and dedication to our children. That is our whole life.

Ne nous rebutons jamais,
ne désespérons jamais de
personne.

Do not be disheartened,
let us never give up hope
on anybody.

Marchez droit comme vous faites; on peut souffrir mais on ne craint rien en suivant sa conscience.

Go ahead as you are doing; despite sufferings, one has nothing to fear when one follows one's conscience.

Bannissez toute crainte et toute inquiétude pour être simple et gentille avec le Bon Dieu. Causez avec lui comme avec votre meilleur ami et rappelez-vous, dans la sécheresse et dans la tentation, que c'est le moment de faire un grand pas.

Dismiss all fears and worries; be straightforward and kind with the Good Lord. Converse with Him as with your best friend. Remember too that in moments of dryness of heart or temptation, then is the time to take huge steps forward.

Ne reculez devant rien ! Et quelque difficiles ou même impossibles que vous paraissent les choses que la Grâce demande, dites avec confiance: « Je puis tout en Celui qui me fortifie. »

Do not draw back from anything! However difficult or impossible things seem to be that Grace requests of you, say trustfully: “I can do everything in Him who strengthens me.”

Ayez une immense confiance en Jésus votre Époux… Plus vous êtes faible, plus il vous revêtira de sa force si vous vous abandonnez à Lui sans réserve. Voyez-le comme un Père qui vous aime et non comme un Maître sévère avec un fouet à la main !

Have boundless trust in Jesus, your Spouse. The weaker you are the stronger the strength he will clothe you with, if you give yourself up to him unreservedly. Look upon him as a Father who loves you, not as a strict Master who holds a whip in his hand!

Si nous savons reconnaître nos fautes généreusement devant les hommes, Dieu nous excusera, lors même que ceux-ci nous condamneront peut-être (cf 1 Jn « Dieu plus grand que notre cœur… »)

If we know how to acknowledge our failures generously before human beings, God will excuse us, even though others will condemn us perhaps (cf 1 John “God is greater than our heart”)

Faites tout par le cœur, sans contrainte,
sans la crainte qui paralyse, mais l'amour
vole à la suite du Bien-Aimé…
Courage, ayez une confiance sans borne
dans l'amour de Jésus envers vous.

Do everything with love, without
any constraint, without fear which
cripples, rather with love which
flies out following the Beloved...
Have boundless love in the love
that Jesus nourishes for you.

Vous ne savez pas ce qui arrivera… Abandonnez tout à Dieu. Oh ! Oui, ce qui est impossible à l'homme est possible à Dieu.

You do not know what will happen. Entrust all to God. Oh! Yes, whatever is impossible to human beings is possible to God.

TRONC
POUR
LA
SAINTE
VIERGE.

Pas de regard inquiet sur un avenir que nous ne verrons peut-être jamais; passons bien le journée d'aujourd'hui: nous n'avons pas la Grâce pour celle de demain !

Do not cast anxious looks on a future which we may never live to see; today let us spend the day well: we still have not got the grace for tomorrow.

Voyons le Bon Dieu comme un ami,
un Père, un Époux qui nous aime.

Let us consider The Good
Lord as a Friend, as a Father,
as a Spouse who loves us.

Souvenez-vous que je ne veux pas que vous vous noircissiez et vouliez vous renfermer en vous-même: ce serait le plus grand piège que le diable pût vous tendre !

Remember that I do not wish you to view yourself negatively, to withdraw in your own shell: that would be the most dangerous trap the devil could set for you!

Il faut que vous ne reculiez en rien quand l'Obéissance a parlé. Quelque difficiles ou impossibles que nous paraissent les choses, marchez… en vous disant: « Je puis tout en celui qui me fortifie ! »

You must not step back before anything that Obedience has uttered for you. However difficult or impossible things may seem to us, go ahead… saying to yourself: "I can do everything in Him who strengthens me!"

PROCESSION AVEC LA STATUE VENEREE : CESSATION SUBITE DU CHOLERA

Un état de peine ne veut pas de raisonnements, mais une Obéissance aveugle.

A state of sorrow does not require reasonings, rather blind Obedience.

Si la Communauté est renouvelée (à Pâques) par rapport à l'Obéissance et à la Charité, Dieu ne pourra rien nous refuser et rendra nos cœurs brûlants de son amour.

If the Community is renewed (at Eastertide) in relation to Obedience and Charity, God will not refuse us anything and will cause our hearts to burn with His love.

Chaque point de l’Obéissance et de la Règle est un échelon vers Dieu; notre force sera dans une entière fidélité.

Every item of Obedience and the Rules is a step towards God; our strength will be in total fidelity.

Tout est possible à
la Foi !

Everything possible
to Faith!

L'esprit surnaturel consiste à recevoir toute chose de la main de Dieu et à tout faire pour Lui seul… Sans Lui, comment supporterons-nous les épreuves intérieures et les combats que nous devons soutenir contre nous-mêmes ?

The supernatural spirit consists in receiving everything from God's hands and to accomplish everything for Him alone. Without Him, how could we endure the inner trials and the struggles that we are to withstand against ourselves?

C’est la vie de Foi qui nous soutient dans nos difficultés… Pour y arriver, appliquons-nous à l’oblation complète de nous-même entre les mains de Dieu.

It is the life of Faith which sustains us in our difficulties. To embrace it, let us apply ourselves a total offering of ourselves into God’s hands.

Soyons comme la statue entre les mains du sculpteur. Dieu, par de grands coups, nous a séparées du monde; mais il faut de petits coups réitérés pour nous polir et nous façonner selon ses desseins. Si nous remuons sous le ciseau, nous gâterons tout; mais si nous souffrons tranquillement l'opération, quelque pénible qu'elle soit, le sculpteur finira par faire de nous un chef d'œuvre.

Let us be like the statue in the sculptor's hands. God, with severe hammerings has separated us from the world. But small, repeated hammerings are required to polish us and shape us according to His designs. If we move under the chisel, we shall spoil everything; but, if we suffer quietly under the treatment, however painful it is, the sculptor will end up by creating a masterpiece.

Une tentation découverte est à moitié vaincue.

A temptation which has been discovered is one nearly overcome.

Soyons avec le Bon Dieu comme de petits enfants qui marchent en tenant la main de leur mère et ne s'inquiètent pas où elle les mène. Laissons faire soyons de gentilles enfants dans la main du Bon Dieu.

With God let us behave as little children who walk ahead, holding their mother's hand; they do not worry where she is leading them. Let us allow this, let us be docile children in God's hands.

A l'endroit où l'on vous envoie,... C'est Jésus que vous trouverez avec son amour et ses Grâces, et qui vous donnera la joie de la conscience; car il faut être gaie et heureuse d'avoir à faire des sacrifices qui plaisent au Bon Dieu. Vous aurez le centuple en ce monde et, si vous êtes généreuses, vous verrez quel sera votre bonheur intime...

Wherever you are sent... It is Jesus you will find with his love, with his Graces. It is He who will give joy to your conscience, for we must be rejoicing and happy because we made sacrifices which are pleasing to God. You will reap a hundredfold in this world; furthermore, if you are generous, you shall experience intimate happiness.

Ne sortez pas d'ici sans avoir dit: « Mon Dieu, je me dévoue à cette œuvre pour laquelle vous m'avez choisie, je vous sacrifie tout ! »

Do not leave this place without saying: "My God, I dedicate myself to the enterprise for which you have chosen me, I sacrifice all to you! "

Si vous avez pu vous trouver dédommagée de vos sacrifices par un sourire, un mot gentil d'une Mère que vous aimez pourquoi, maintenant, ne pas vouloir faire ces sacrifices pour Dieu tout seul, qui vous regarde avec complaisance et vous sourit avec amour ?

If you were thanked by a smile for you sacrifices or a kind word from a Mother whom you love, why won't you wish to make sacrifices for God alone, who looks upon you with indulgence and Who smiles upon you with love?

Après la sortie du Noviciat, quand on est livré à soi-même, il importe de se former une conscience droite et de marcher devant Dieu avec simplicité, dans l'accomplissement de ses devoirs.

At the end of the Noviciate, when we are left to our own devices, it is very important to develop an upright conscience and to walk before God with simplicity of heart, in the fulfilment of our duties.

Dieu seul est le centre; peu importe qu'on pense plus ou moins de bien de nous… Peu importe qu'on nous aime plus ou moins, pourvu que nous fassions notre devoir et que Dieu soit content… La simplicité est cette candeur de l'âme qui ne cherche qu'à plaire à Dieu par l'accomplissement de sa Volonté.

God alone is the centre; it does not really matter whether others have a high opinion of you. It does not matter how much we are loved, provided we carry out our duty and that God be happy. Simplicity is that guilelessness of the soul that seeks only to please God by fulfilling His will.

Mettons-nous tout de bon à marcher de bonne fou sous l'œil de Dieu. Prions-le de nous montrer nos défauts comme dans un miroir et ne mettons pas l'éteignoir sur la lumière quand elle nous est donnée !

Let us walk earnestly with good faith under God's gaze. Let us pray to Him, asking Him to show us our failures like in a mirror; let us not try to put out the light that is granted us!

Prions… Il n’y a pas de défaut de caractère, quel qu’il puisse être, qui résiste à la prière accompagnée de bonne volonté et de droiture.

Let us pray. There is no failure of character, whatever we are, which will resist the power of prayer which is accompanied by good will and honesty.

Ne vous étonnez nullement de vos fautes. Sachez seulement les réparer. Ce sera alors que vous mériterez comme Madeleine, d'entendre de la bouche de Jésus ce doux nom: « Maria », qui rendra votre cœur brulant d'amour pour votre Époux.

Do not be surprised at your failures. Just learn to correct them. It is then that you will deserve, as Magdalene did, to hear Jesus utter the sweet name: "Maria", which will set your heart burning with love for your Spouse.

Mettons-nous à marcher de bonne foi avec nous -mêmes, sous l'œil de Dieu; prions-le de nous montrer nos défauts et ne détournons pas nos regards de ce qui nous humilie. Aujourd'hui, nous corrigerons une petite chose, demain une autre, puis nous prierons… pour donner à nos Supérieures la pleine liberté de nous montrer nos torts.

Let us walk with good faith, under the gaze of God; let us pray him to show us our failures, let us not turn our eyes from what can humiliate us. Today, we shall be able to correct one little thing, tomorrow another, then we shall pray to give our Superiors full liberty to point out our wrong doings.

Si nous sommes fidèles à la Grâce… nous montrerons gentiment notre faiblesse au Bon Dieu et nous tâcherons de lui prouver notre amour à la première petite occasion.

If we are faithful to Grace, we shall gently show our weaknesses to the Good Lord, we shall attempt to prove our love for Him at the very first opportunity.

Sachons voir ce que nous sommes… L'humilité est le fondement de toute vertu.

Let us learn to see ourselves as we are. The virtue of humility is the foundation of all other virtues.

Humilions-nous de nos fautes, mais ne nous décourageons pas !

Although our faults may humiliate us, let us not lose heart!

L'humilité est le fondement de toute vertu et la clef des trésors de Dieu. Si l'âme se présente devant Lui sans cette clef, elle n'aura rien de ce qui est renfermé dans ses coffres éternels et demeurera pauvre et misérable.

Humility is the foundation of all other virtues, it is the key to God's treasures. If a soul shows itself without this key, it will not benefit at all of all that is kept in the eternal coffers, it will remain poor and destitute.

Creusons dans l'abîme de corruption que renferme notre cœur, ne craignons pas d'y voir fourmiller une foule de bassesses...

Let us dig deep in the abyss of corruption that our hearts may hold, let us not fear to find therein innumerable meanness.

Gardez-vous bien de vous décourager après vos chutes, mais tenez-vous toute petite sous la main de Notre Seigneur. Priez-Le de passer l'éponge sur toutes ces misères et qu'il n'en soit plus question !

Beware of discouragement after your failures, rather keep yourself like a little child in the hands of Our Lord. Pray to Him, ask Him to blot out all these wretched actions and that would be the end of the matter!

Il faut toujours compter sur le Bon Dieu et avoir recours à Lui dans toutes nos difficultés.

We must always count on the Good God and turn to Him in all our difficulties.

En vous éveillant, consacrez votre journée au Bon Dieu, avec ce sentiment d'un cœur qui Lui demande d'éviter ce qui Lui déplaît et de pratiquer tout ce qui Lui est agréable.

On waking up, consecrate your whole day to the Good God, with the heart felt sentiment which asks Him to avoid anything that could displease Him and to carry out all that will please Him.

A l'oraison, si vous êtes ennuyée, sèche ou endormie, plaignez-vous de vous-même à Dieu, montrez-Lui ce que vous êtes, reconnaissez votre incapacité et attendez de Lui seul la Grâce de bien faire l'oraison.

At prayer time, if you feel bored, if
your mind is dry, if you feel sleepy,
complain about yourself to God,
show Him who you are, recognise
your inability to do things; from
Him expect the Grace to pray well.

Commençons une vie surnaturelle de Foi et d'Humilité… Courage ! Pour marcher dans la voie des sacrifices et pour ne pas étouffer la lumière, l'Etoile qui se montrera à nos cœurs...

Let us begin a supernatural life of Faith and Humility. Take courage! To walk in the path of sacrifices and not to stifle the light, the Star will show the way in our hearts…

Il faut nous faire toute à
toutes pour les gagner
toutes à Jésus Christ.

We must become all things to all
others, to win them all to Jesus Christ.

Soyez de vraies épouses de Jésus-Christ, de vraies mères de nos chères enfants, que ce béni vœu soit votre vie, que vous l'étudiiez sans cesse, que vous en compreniez toute l'étendue dans le jour et dans la nuit. Que vous les aimiez, ces chères petites, avec un cœur qui vous a été donné pour elles, façonné tout exprès pour les contenir et se dépenser à leur bien-être.

Be the true brides of Jesus, true mother to our dear children, may this blessed vow become your life, may you study it ceaselessly, may you understand it breadth, night and day. Love these dear little ones, with a heart that was given to you for them, moulded expressly to contain them and to work for their wellbeing.

Lorsque nous manquons nos Exercices de piété par Obéissance, Dieu bénit notre travail et nous en tient compte; mais, lors même que nous ferions les plus belles choses du monde, nous irons en Purgatoire pour notre ouvrage si nous n'avons pas eu la sanction de l'Obéissance.

When we miss our Exercises of Piety through Obedience, God blesses our work and takes account of it; but, even if we accomplish the most beautiful things in the world, we shall go to Purgatory if we do not have the approval of Obedience.

C’est ce que nous accordons à notre corps qui nous rend incapables de nous élever à Dieu.

It is what we grant to our bodies that prevent us from rising to God.

Faire tout ce que Dieu veut, et comme il le veut. Souffrir autant et de la manière qu'il veut, parce qu'il le veut. Voilà le secret de la sainteté ! Recevoir tout ce qui nous arrive de la main de Dieu et profiter de la grâce de chaque instant.

Do all that God wants and the way He wants it. Suffer as much as He wants and the way He wants and because He wants it. That is the secret of sanctity. Receive everything from God's hands, benefit from His grace at every moment.

Si vous leur faites un cours sur l’ordre et les bonnes manières, et laissez tout en désordre derrière vous, attendez-vous qu’elles aient un très grand respect pour vos ordres ?

If you give them a lesson on good order and good manners, yet leave everything in a mess behind you, will you expect them to have high respect for your instructions?

L’oraison est le dernier des devoirs dont nous devons chercher à nous dispenser. Chaque action offerte à Dieu et faite en union avec Lui est une oraison continuelle; pour cela, il faut retrancher toute pensée inutile et porter à la prière un cœur vide de soi. Sans esprit intérieur, on court le risque de se perdre en travaillant pour les autres...

We should never fail in our duty to pray, we must not try to avoid it. Every action offered up to God and accomplished in union with Him is a continuous prayer. You must avoid every useless idea, empty your heart of personal concerns when you embark on prayer. Without inner life, one runs the risk of losing one’s way when working for others.

Saisissez-vous toutes les occasions possibles de dire un petit mot qui marquerait favorablement leurs jeunes cœurs ? Remarquez-vous leurs efforts, leurs actes de vertu ?

Do you take advantage of every possible opportunity to say a few words which will make a positive impression on their young hearts? Are you aware of their efforts, of their acts of virtue?

Ne laissez pas leurs défauts sans les remarquer, mais évitez de les en gronder: si elles voient que vous faites des montagnes de taupinières, elles continueront les mêmes fautes, simplement pour vous ennuyer.

Do not bypass their failures without pointing them out to them, avoid telling them off (scolding them). If they see that you make a mountain out of a molehill, they will persist in the same failures, just to wind you up.

08.05.2014 14:20

Les distractions sont causées par la curiosité de la vue, l'attache à une créature, le défaut de présence de Dieu, l'empressement naturel, la mollesse… Une oraison passée à redonner continuellement son esprit et son cœur à Dieu sera bonne et fructueuse. Les sécheresses viennent souvent de ce que nous ne connaissons pas assez la Vie de Notre Seigneur et ne savons pas sur quoi nous entretenir. Si elles viennent de Dieu, elles sont la plus grande preuve de sa Miséricorde et nous Lui prouvons notre amour en restant fidèlement à l'o-raison. Si elles sont produites par nos infidélités' il faut nous appliquer à nous corriger...

Distractions are caused by curiosity of the eyes, attachment to a creature, lack of the presence of God, natural anxiousness, laziness.. A meditation where one continuously offers one's mind and heart to God will be good and fruitful. Dryness of the heart often stems from the fact that we do not know dee-ply enough the Life of Our Lord and we do not know on which subject to pray about. If they come from God, these periods of dryness of the soul are the greatest proof of his Mercy. We will prove our love for Him by remaining faithful to prayerful meditation. If they are the results of our failures in fidelity we must apply ourselves to correcting them.

Dieu veut des cœurs généreux et qui sachent se donner à Lui sans réserve.

God is seeking generous hearts who know how to give themselves up to Him unreservedly.

Chaque fois que nous allons aux enfants, éduquons-nous encore nous-mêmes, d'une certaine manière, et exigeons de nous-mêmes un compte exact de chacune de nos actions.

Every time we approach children, let us again educate ourselves in a certain way, let us demand from ourselves an exact account of every action of ours.

Cherchez l'occasion de vous vaincre en faisant ce qui vous déplaît… C'est le moyen de trouver Dieu dans l'oraison...

Find the opportunity of conquering over yourself by doing what you dislike.. It is the way of finding God in prayer.

Écoutez, mes enfants, ces mots que Jésus vous dit par mes lèvres: « J'ai soif! » Soif d'âmes à sauver, soif de votre cœur, soif que vous meniez une vie d'union avec moi ! Soif que vous soyez mon épouse.

My children, listen to these words which Jesus utters through me: ``I thirst!" A thirst of souls to be saved, a thirst for your heart, a thirst for a life of union with me! A thirst that you should be my bride.

Ne dégénérons pas de notre première ferveur, trois fois par jour disons à Dieu de tout notre cœur: « Seigneur, que ta volonté soit faite ! » Jetons-nous à ses pieds, avec ses anges comme témoins, et disons-lui qu'il peut faire de nous ce qu'il veut. Nous souffrirons, oui, mais la souffrance est le support de la grâce.

Let us not grow lukewarm from our initial ardour, three times a day let us say to God and with all our heart: "Lord, your will be done!" Let us fall at his feet, with the angels as our witnesses, let us tell him that he can do with us whatever he wills. Doubtless, we shall suffer, but suffering is the support of Grace.

Pour faire oraison, il n’est pas nécessaire d’être à la Chapelle… Il faut pouvoir dire: « Je dors, mais mon cœur veille », c’est-à-dire: « Mon cœur prie Jésus, mon cœur aime Jésus ». Une bonne religieuse doit pouvoir dire: « Je suis à la récréation, mais mon cœur pense à Jésus… »

In order to pray, it is not necessary to be in the Chapel…One must be able to say: “I sleep, but my heart is awake”, that means: “My heart prays to Jesus, my heart loves Jesus”. A good religious must be able to say: “I am art recreation time, but my heart is turned to Jesus...”

Il y a deux personnes en nos… et si malgré les révoltes de notre nature, notre volonté est soumise et prête à faire généreusement ce qui plaira à Dieu, nous sommes dans les voies de l’amour.

There are two persons in us. However, if in spite of the rebellions of our nature our will is submissive and ready to accomplish generously whatever is pleasing to God, we are then following the paths of love.

L'humilité est une vertu qui fond au soleil… Tâchez donc de vivre cachée, faisant le bien sans qu'aucun autre que Dieu, et ceux qui vous conduisent, en aient connaissance, du moins par vous… Faites pénitence jusqu'au dernier soupir, Jésus ne vous fera pas défaut.

Humility is a virtue which melts in the sunshine….Try then to lead a hidden life, doing good without any one else but God, and those who direct you, know about it, at least through you. Do penance until your last breath, Jesus will not fail you.

SANCTUS

(Noël 1857) Oblation de notre cœur, de notre langue, de notre volonté, de notre imagination pour préparer une Crèche au Divin Sauveur… Ne gardons rien en nous qui puisse lui déplaire et mettre obstacle à ses Grâces.

(Christmas 1857) Offer up your heart, your words, your will, your imagination to prepare a crib for the Divine Saviour…Let us not harbour anything within us that may displease Him and thus become an obstacle to His Graces.

Lorsque Dieu nous voit nous agiter et nous empresser, Il se croise les bras et Il nous regarde… Mais lorsque nous nous tenons devant Lui bien soumises et bien petites, Il s'occupe de nous et Il nous travaille.

When God sees us agitated, fretting about, He crosses his arms and He looks at us. But, when we stand in His presence, submissive and small, He takes care of us and works within us.

Passons sur la terre en faisant du bien à tous… St François de Sales aurait voulu toujours être avec des personnes qui ne l'aimaient pas afin d'avoir l'occasion d'agir pour Dieu seul...

Let us journey through this world doing good to all others. St Francis of Sales would have always liked to be with people who disliked him so that he would work for God alone.

Mort à soi-même et à
tout esprit personnel !

Death to self and to
our own self will.

福

Réglez donc en Dieu vos sentiments et soyez en paix !

Take command of your own sentiments (feelings) and be at peace.

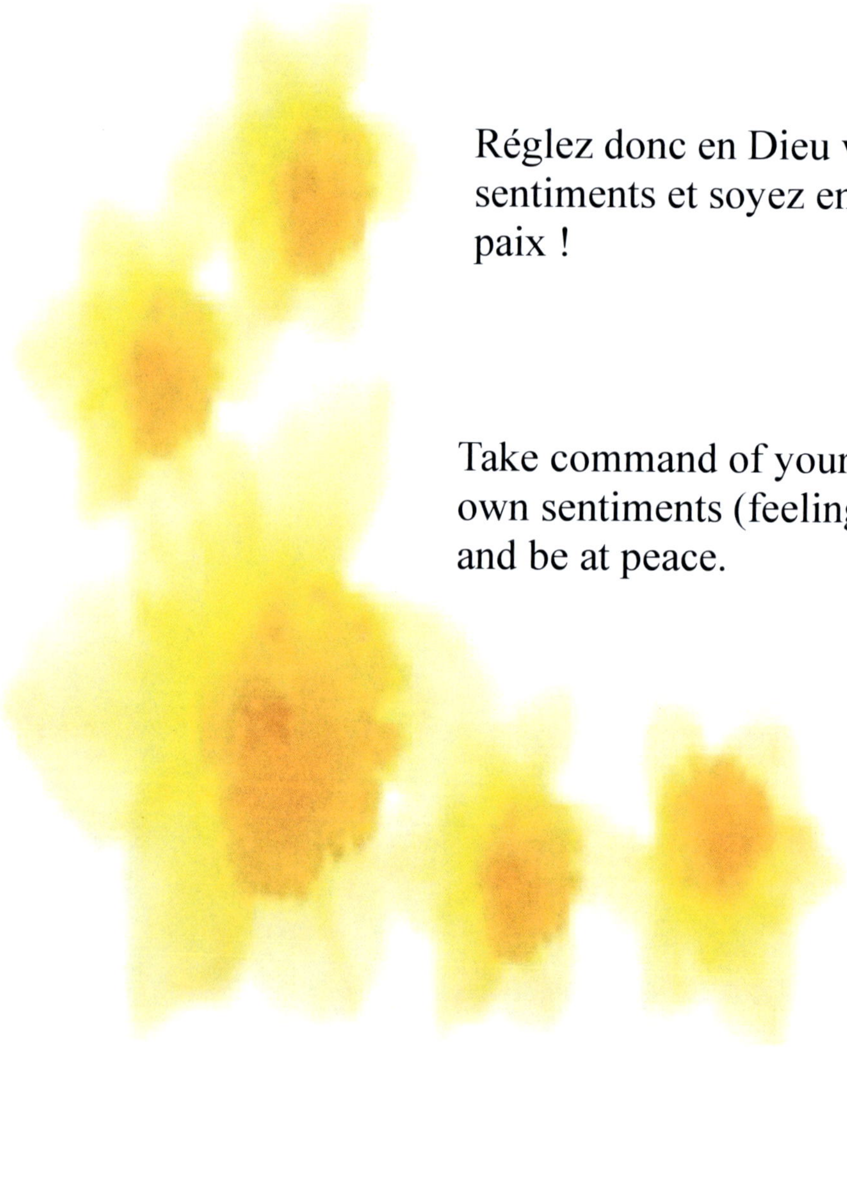

J'aimerais mieux pleurer le reste de mes jours que de voir des demi-religieuses entrer dans la nouvelle Maison (Norwood).

I would rather cry for the rest of my life than witness religious sisters who are not fully committed entering the new Foundation (Norwood).

Je ne vous demande pas la perfection, mais des cœurs généreux qui ne refusent rien à Dieu et qui profitent de leurs chutes pour s’affermir dans l’humilité...

I do not ask perfection from you; only generous hearts who do not refuse anything to God and who benefit from their failures to grow in humility...

LA MÈRE FONDATRICE

Qui est Mère Ste Marie?

Henriette Le Forestier d'Osseville naît à Rouen (France) le 19 Avril 1803. Elle a reçu dés son enfance l'empreinte d'une foi familiale profonde et d'un grand amour pour la Vierge Marie.

Souvent, en famille, elle va prier NOTRE DAME DE LA DÉLIVRANDE dans son sanctuaire, le plus ancien pèlerinage normand.

C'est là que, le 3 avril 1826, sa sœur Élisabeth est miraculeusement guérie; la sculpture du tympan latéral nord de la basilique actuelle l'atteste.

Son père, le comte d'Osseville, s'écrie:

« Je ne mourrai content que si quelque établissement pieux, à la Délivrande, laisse un monument éternel de la reconnaissance que nous devons à Dieu ».

La réalisatrice de ce désir sera sa propre fille Henriette; sous la direction du Père Saulet, Missionnaire de Notre Dame de la Délivrande, elle fondera la

`` CONGRÉGATION NOTRE DAME DE FIDÉLITÉ´´

Pour accueillir, aimer, élever ``les orphelines´´ d'alors.

Mais que de difficultés doit affronter Henriette, devenue Mère Ste Marie…

La première maison, la ``maison-mère´´ en fut et en reste le témoin.

Le 15 août 1829, Henriette est réconfortée par une promesse de la Vierge Marie perçue au fond du cœur:

``Je suis la Vierge Fidèle,
Ne crains rien!...
Je serai fidèle
À tous ceux qui,
Dans cette maison,
m'honoreront sous ce titre´´.

C'est donc d'un miracle et d'une promesse de Notre Dame de la Délivrande qu'est née, le 26 février 1831,
La **``Congrégation Notre Dame de Fidélité´´.**

Aujourd'hui comme hier,
Marie tient sa promesse:
ses grâces sont inscrites
dans la pierre
et au fond des cœurs.

O Vierge Fidèle,
Soyez bénie à cause de votre fidélité:
Tout bien nous est venu par vous.
Souvenez-vous que c'est votre Fidélité qui,
au milieu des obstacles,
a engendré ce petit troupeau
Pour le service de votre divin Fils;
Faites qu'il vous doive toujours
De triompher des difficultés
Qui peuvent encore entraver sa marche.

(Prière composée en 1865)

CONGRÉGATION NOTRE DAME DE FIDÉLITÉ

AVEC MARIE…

La prière est accueil émerveillé de l'amour de Dieu et réponse personnelle dans la joie et l'action de grâces.

(Const. 13)

``COMTEMPLATIVES DANS L'ACTION´´

(St Ignace de Loyola)

Comme Jésus, conduit par l'Esprit au désert ou priant en solitude, nous avons faim des temps de silence et de prière plus intenses: récollection mensuelle, triduum, retraite annuelle.

Les Exercices Spirituels de Saint Ignace nous servent habituellement de guide. Communication de l'expérience d'un Saint, expérience de la rencontre transformante en Jésus Christ à travers une longue contemplation de son mystère, communion à l'Amour sans cesse créateur dans l'aujourd'hui de l'Église, les Exercices ouvrent la voie qui nous permet de trouver Dieu en toutes choses et de voir toutes choses en Lui.

(Const. 23)

QUE FONT LES SŒURS DE NOTRE DAME DE FIDÉLITÉ?

1. Écoles
   Collèges
   Lycées

2. Instituts médico-éducatif et médico-professionnel mixtes

3. Foyers d'étudiantes

4. Paroisses (éveil religieux, catéchèse, A.C.)
   Maisons d'accueil

5. Mouvement marial international
   Apostolats divers

6. Mission

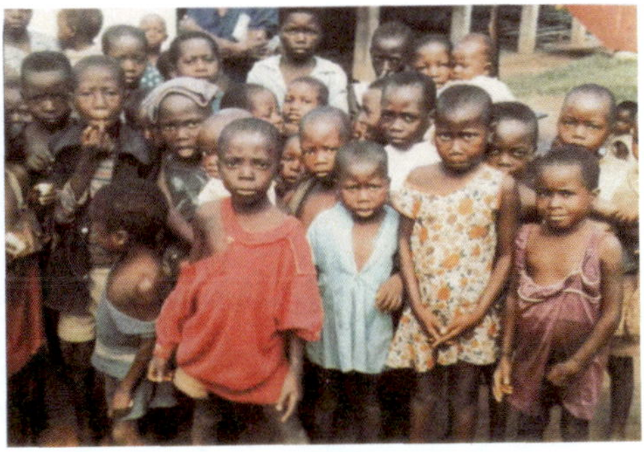

``Soyez les missionnaires de Jésus...

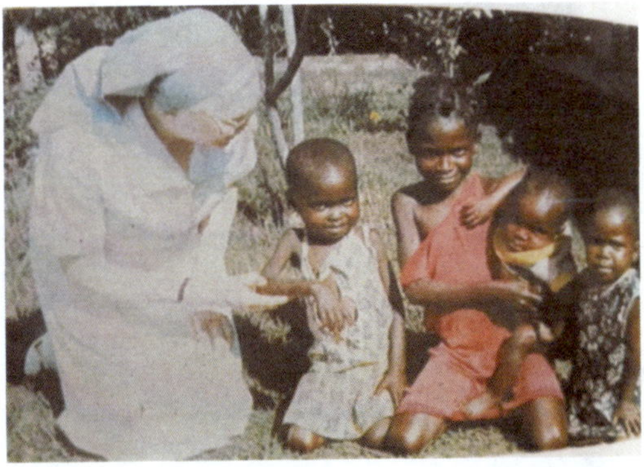

Prenez donc un cœur, une âme, un esprit missionnaires.´´
Mère Ste Marie

``J'étais malade, et vous m'avez visité..´´
(Mt 25,36)

``J'avais faim et vous m'avez donné à manger´´
(Mt 25,35)

La FORMATION commence dans les pays d'origine:

France, Angleterre, Belgique, Italie, Inde

Elle comporte les étapes suivantes:

- Postulat (un à deux ans)
- Noviciat (deux à trois ans)
- Scolasticat: Émission des vœux annuels de pauvreté, chasteté, obéissance (cinq à neuf ans).
- Incorporation: Vœux perpétuels.

IL MIO AMORE

PASSÉ

PRÉSENT

PASSÉ

PRÉSENT

Avenir

Confiance! Il t'appelle...

« Seigneur, nous ne savons pas où Tu vas; comment pourrions-nous savoir le chemin? »
« Moi, je suis le Chemin, la Vérité et la Vie; personne ne va vers le Père sans passer par moi.» St Jean 14, 1-6

Seigneur Jésus, toi qui as appelé qui tu voulais,
appelle beaucoup d'entre nous à travailler pour toi, à travailler avec toi.

Toi qui as éclairé par ta parole ceux que tu as appelés, éclaire-nous par le don de la foi en toi.

Toi qui les as soutenus dans les difficultés, aide-nous à vaincre nos difficultés de jeunes d'aujourd'hui.

Et si tu appelles quelqu'un parmi nous pour le consacrer tout entier à toi, que ton amour réchauffe cette vocation dès sa naissance, qu'il la fasse grandir et persévérer jusqu'à la fin. Amen.

St Jean-Paul II

Notre Dame de FIDÉLITEÉ,

Toi qui sans cesse recherchais le visage du Seigneur,
Toi qui as accepté le mystère
et qui l'as médité dans ton cœur,

Toi qui as vécu en accord avec ce que tu croyais, Toi qui fus
l'exemple même de la constance
dans l'épreuve comme dans l'exaltation,

Aide-nous à tenir nos engagements,
en bons et fidèles serviteurs,
jusqu'au dernier jour de notre vie sur la terre.

St Jean-Paul II

COMMUNAUTÉS DE LA CONGRÉGATION

FRANCE

Notre-Dame de Fidélité
40 rue du Bout Varin-BP 30
14440 Douvres la Délivrande
Tél: (+ 33) (0)2 31 37 30 17
srcaterinevf@wanadoo.fr
ndfreviers@orange.fr

Notre-Dame de Fidélité
Domaine de Pigeon
61400 St Hilaire le Chatel
Tel:+(33) (0)2 33 83 72 33

Notre-Dame de Fidélité
``La Maison´´
36 rue du Montparnasse
75 006 Paris
Tél: (+33) (0)1 53 63 85 15
secretariat@foyerlamaison.asso.fr

Notre-Dame de Fidélité
15 rue Soubies
65100 Lourdes
Tél: +(33) (0) 562 42 14 91
ndflourdes@wanadoo.fr

INDE

Our Lady of Fidelity
Teacher's Lane Varandarappilly P.O.
Thrissur 680 303 Kerala India
Tél: +(91) 480 276 05 70
virgofidelisvply@gmail.com

ANGLETERRE

Convent of Our Lady of Fidelity
Our Lady's Close –off Hermitage Road
Upper Norwood
GB- London SE19 3FA
Tél: + (44) 0208 670 25 06
Sr_bernadette_vfcss@hotmail.com

Our Lady of Fidelity
15-17 Marten Road
GB- Folkestone Kent CT 20 2 JU
Tél: +(44) 1 3 03 25 37 13
sophiepepper83@gmail.com

BELGIQUE

Communauté de la Vierge Fidèle
Place de Jamblinne de Meux, 14
B- 1030 Bruxelles
Tél: + (32) (0)2 733 58 26
rachelle.vanbrabant@skynet.be

ITALIE

Istituto Virgo Fidelis
10 Colle delle Ginestre
I 00046-Grottaferrata Roma
Tel: +(39) 06 94 31 53 07
grottaferrata_vf@outloook.it

Istituto Virgo Fidelis
I 87075 Trebisacce Cosenza
Tél: + (39) 098 15 10 13
cobarosso2@libero.it